1학년 완벽 적응 프로젝트 ❷_공부

꼼지락 1학년, 열심히 할 거야!

김원아 글 • 간장 그림

사□계절

차 례

성실에 대하여

★ 성실:
정성스럽고 참됨.

김봉주

멋쟁이

오수재 천재

1학년 1반

꼼지락 친구들

김봉주

♡ 좋아하는 것: 쉬는 시간

× 싫어하는 것: 받아쓰기

☆ 잘하는 것: 친구 사귀기

오수재

♡ 좋아하는 것: 일등, 시험

× 싫어하는 것: 채소

☆ 잘하는 것: 발표

공부 시간에는 규칙이 많다.

그래서 공부가 힘들다.

그런데 잘하고 싶다.

1.
꼼지락
꼼지락

손이 꼼지락꼼지락

발도 꼼지락꼼지락

공부 시간은 너무 길어!

실내화를 벗었다. 다시 신었다.

실내화를 또 벗었다. 다시 신었다.

발이 제멋대로 움직였다. 막 꼼지락꼼지락했다.

엉덩이도 들썩거렸다. 왼쪽, 오른쪽. 몸이 계속

비틀렸다.

일어나고 싶다. 교실을 막 돌아다니고 싶다. 그런데

안 된다. 공부 시간에는 앉아 있어야 한다.

겨우 참고 있는데 뒤에서 오수재가 내 의자를 찼다.

한두 번은 참았는데 계속 툭툭 찼다.

"의자 차지 마."

"일부러 그런 거 아니야."

나는 오수재의 발을 봤다. 오수재도 나처럼
실내화를 벗고 있었다. 나랑 똑같아서 반가웠다.

"네 발도 자기 마음대로 움직여?"

"아니, 내 발은 내가 움직이지."

그럼 그렇지. 오수재는 일부러 찬 게 맞다. 내가
노려보자 오수재가 실실 웃었다.

"그런데 봉주야, 너 왜 자꾸 엉덩이를 움직여? 혹시
방귀?"

"아니거든."

나는 다시 앞을 보았다. 집중해서 공부만 하려
했다. 그런데 오수재가 말을 걸며 방해했다.

"또 엉덩이 움직이네. 그러니까 자꾸 너만 보게 되잖아. 차민송 좀 봐, 한 그루의 나무 같지 않아?"

나는 옆에 있는 차민송을 힐긋 보았다. 차민송은 대단하다. 꼿꼿이 앉아서 움직이지 않는다. 말을 걸어도 대답도 안 한다. 선생님만 쳐다본다.

"너도 차민송처럼 좀 가만히 있어 봐."

오수재가 차민송과 나를 비교했다. 기분이 나빴다.

"너도 계속 움직이잖아. 내 의자도 차고."

"안 찼거든."

"방금 찼잖아."

"좁아서 부딪친 거야."

그때 차민송이 말했다.

"둘 다 조용히 해!"

차민송은 우리를 보지도 않았다. 눈은 선생님을 보면서 입만 빠르게 움직였다.

"너희 말이 너무 많은 거 아냐? 시끄러워서 방해된다고. 공부 시간에는 조용히 해야지."

자기도 할 말 다 해 놓고선. 그래도 차민송 말이 맞다. 규칙을 잘 지키는 차민송이 신기했다.

"넌 공부가 그렇게 좋아?"

"아니."

차민송이 또 입으로만 대답했다.

"그런데 왜 그래?"

"뭘?"

"맨날 열심히 하잖아."

차민송의 콧구멍이 실룩거렸다.

"노력하는 거야."

"왜?"

"훌륭한 사람이 되려고. 공부 안 하고 놀기만 하면
훌륭한 사람이 못 되잖아."

차민송이 나랑 오수재를 차례대로 힐끔거렸다.
뒤에서 오수재가 질세라 으스댔다.

"난 지금도 훌륭해. 앞으로 더더 훌륭해질 거야."

그러자 차민송이 드디어 오수재를 향해 고개를
돌렸다.

"그럼 지금은 왜 공부 안 하고 놀아?"

"잠깐 쉬고 있는 거야. 맨날 열심히 살 수는 없어."

오수재가 당연하다는 듯 어깨를 으쓱거렸다.

"그럼 내가 너보다 훌륭한 사람이 되겠네. 난 맨날 열심히 하거든."

차민송이 한 번 더 쏘아붙였다. 그때 선생님이 말했다.

"봉주, 수재, 민송이. 수업 시간에 노는 거 아니에요. 조용히 하세요."

"선생님, 저는 안 놀았는데요!"

차민송이 재빨리 말했다.

"친구들이랑 같이 얘기했잖아요. 그게 노는 거예요."

선생님은 분명히 칠판에 글자를 적고 있었는데 어떻게 다 알고 있지? 선생님은 뒤통수에도 눈이 있다더니 진짜인가 보다.

차민송은 금방 다시 나무가 되었다. 꼿꼿이 앉아
있는 걸 보니 진짜 훌륭한 사람이 될 것 같았다.
그래서 나도 허리를 쭉 펴고 선생님을 보았다.

발이 내 마음도 모르고 또 꼼지락거렸다.

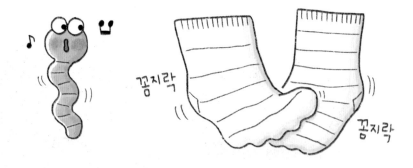

꼼지락

꼼지락

제목: 바른 자세로 앉자

공부 시간은 길다.

그래도 계속 집중해야 된다.

긴 시간을 견디는 건 어렵다.

그래서 훌륭해지는 게 어려운가 보다.

2. 눈이랑 귀

눈은 감으면 닫히는데 귀는 안 닫힌다.

귀는 언제나 열려 있다.

그런데 왜 가끔 아무것도 안 들리지?

선생님 말씀을 못 들었다. 차민송한테 물었다.

"어떻게 하는 거야?"

"방금 선생님이 얘기해 줬잖아."

"못 들었어."

"나한테 자꾸 묻지 말고 잘 들어."

차민송이 한숨을 쉬었다. 설명도 기분 나쁘게 했다.

귀를 닫고 싶었다. 그런데 귀는 못 닫는다. 귀는

언제나 열려 있다. 심지어 두 개다.

갑자기 궁금했다. 주변을 두리번거렸다. 역시
물어볼 사람은 오수재뿐이었다.

"오수재, 귀는 왜 못 닫지?"

"언제든 소리를 듣고 도망가야 하니까. 위험한
상황을 피해야 하잖아."

맞는 말이다. 차민송 잔소리는 위험해서 피해야 한다.

"그런데 눈은 닫히잖아. 귀도 닫히면 얼마나 좋아?
탁 접으면 안 들리는 거지."

나는 두 손으로 귀를 접었다. 두 손으로 꾹 누르자
아무것도 안 들렸다. 오수재가 뭐라 뭐라 하기에 다시
귀를 폈다.

"귀가 자동으로 접히면 좋을 텐데. 그런데 방금
뭐라고 했어?"

오수재가 씨익 웃었다. 얘기를 안 해 줬다. 그새 또

나를 놀린 것 같아서 신경이 쓰였다.

"차민송, 방금 오수재가 하는 말 들었어?"

그러자 차민송이 짜증을 냈다.

"넌 하다 하다 오수재 말까지 나한테 물어봐? 귀 열고도 못 듣는데 귀 닫고 들리겠니?"

안 물어볼걸. 괜히 귀를 접어서 잔소리를 또 들었다.

"나 귀 열면 들리거든."

"아니야. 넌 안 듣는 게 다 보여."

차민송이 고개를 팽 돌렸다. 뒤에서 오수재가 재미있다는 듯 물었다.

"너 봉주가 수업 안 듣는 거 어떻게 알아?"

그러자 차민송이 큰 비밀을 풀어놓듯 진지하게 말했다.

"봉주는 눈을 안 봐."

"진짜?"

"응. 선생님 눈도, 발표하는 사람 눈도 안 봐."

"아아."

오수재가 끄덕했다. 차민송도 끄덕했다. 얘네 둘은
은근히 대화가 탁탁 통한다. 눈이랑 귀랑 무슨
상관이야.

나는 두 손으로 자랑스럽게 내 귀를 가리켰다.

"눈을 안 봐도 귀는 항상 열려 있거든."

"눈을 봐야 들리지."

차민송이 말했다.

"눈을 안 봐서 안 들린다고?"

"응."

차민송이 고개를 끄덕였다.

"눈을 보면 저절로 듣게 되니까."

오수재도 맞장구를 쳤다. 나는 오수재의 눈을
똑바로 보았다. 우리는 지금도 눈을 보며 얘기하고
있다. 그래서 잘 들리는 걸까?

그때 오수재 옆에 방두진이 보였다. 방두진은
창밖을 보고 있었다. 바로 옆에 있는데도 우리가 뭐
하는지 몰랐다. 혼자 딴 세상에 가 있는 것 같았다.

"정말 눈만 보면 잘 들린다는 거지?"

"그렇다니까."

차민송이 대답했다.

"어느 정도는."

오수재도 덧붙였다. 똑똑한 애 두 명이 그렇다고

하니까 그런가 보다.

나는 선생님을 보았다. 뚫어져라 계속 쳐다보았다.

그러니까 설명이 조금 더 잘 들리는 것 같기도 했다.

제목: **눈을 보자**

친구가 발표할 때 허리나 머리를 돌리고

얼굴을 쳐다보면 잘 들린다.

말하는 사람의 눈을 보면 귀가 뚫리는 기분이다.

눈이랑 귀는 연결되어 있나 보다.

3.
내가
주인공

꼭 발표해야 해?

말하는 것도 중요하지만

잘 듣는 것도 중요하다고.

"난 우리 반 주인공이야."

오수재가 말했다.

"갑자기 웬 주인공?"

"내가 발표를 제일 많이 하잖아. 모두 나를 봐."

그건 맞다. 앉아 있는 친구들은 모두 발표하는

사람을 본다. 그래도 주인공이라니, 착각이 심하다.

“선생님이 시켜서 널 보는 거야.”

방두진이 말했다.

“어쨌건 모두 나한테 집중하잖아. 모두의 시간을
내가 후루룩 먹는 거야.”

오수재가 후루룩, 혀를 날름거렸다. 표정이
거만했다.

“그래, 너 다 먹어.”

나는 심드렁하게 말했다. 오수재가 뭘 먹든
상관없었다.

“넌 왜 발표를 안 해?”

오수재가 물었다.

“나? 귀찮아. 팔도 아프고.”

“나도.”

옆에서 방두진이 거들었다.

"난 쉬는 시간에 말하는 게 훨씬 좋아."

"그래, 공부 시간에 말을 왜 해?"

"안 그래도 지루한데. 그치?"

나랑 방두진은 준비한 듯 말이 술술 나왔다.
찰떡처럼 잘 맞았다. 둘이 웃는데 오수재가 쯧쯧,
했다.

"공부 시간에 아무 말도 안 하니까 지루하지.
돌처럼 가만히 앉아 있으면 무슨 재미가 있어?"

그건 오수재가 뭘 몰라서 하는 말이다.

"발표할 때는 하고 싶은 말이 없어."

게임이라고 생각해!

START!

"맞아. 내가 하고 싶은 말은 그런 게 아니야."

우리는 여전히 당당했다. 오수재가 눈을 동그랗게
떴다.

"너희 진짜 뭘 모르는구나. 발표하면 덜 지루해.
게임처럼 클리어하는 맛도 있다고."

"웩. 공부가 어떻게 게임이야?"

나는 오수재의 말이 엉터리라고 생각했다.

"선생님 질문은 임무야. 주인공이 되어 착착 하나씩
해결하는 거지."

오수재는 꽤 진지했다. 그냥 잘난 척하는 것 같지는

않았다.

"왜 말하는 사람만 주인공이야? 선생님이 듣는 것도
중요하댔어."

방두진이 말했다.

"맞아. 우린 잘 들어. 귀도 활짝 열고."

나도 거들었지만 오수재는 끄떡없었다. 오히려 더
여유만만해졌다.

"듣는 것도 중요하지. 그런데 봉주야, 왜 발표하는
사람이 주인공인지 내가 알려 줄까?"

"뭔데?"

"발표는 한 사람만 하고, 듣는 건 모두 듣잖아.
모두의 눈과 귀가 나를 향한다고. 그러니까 발표하는
사람이 주인공이지."

"아!"

그제야 주인공이란 말이 머리에 조금 들어왔다.

오수재는 그동안 주인공이 되는 걸 즐기느라 발표를

많이 했던 거다. 참 오수재답다.

"난 주인공 안 해도 돼. 헤헤."

방두진이 웃었다.

"봐, 이래서 내가 주인공이 될 수밖에 없다니까."

오수재가 만족스러운 듯 크게 웃었다. 방두진도
웃고 오수재도 웃는데 나는 기분이 이상했다.

그럼 나는?

나는 늘 앉아서 듣고 오수재는 늘 서서 말한다.
모두 오수재의 말에 귀를 기울인다. 계속 오수재만
주인공을 해도 되는 건가? 앞으로도 쭉?

갑자기 억울했다. 내 시간을 오수재가 후루룩 다
먹어 버렸다. 이대로는 안 된다. 나도 다음 시간에는
발표를 해야지.

○○○○년 △월 ☆일	☀ ☁ ≡ 🌧 ⛄

제목: 발표를 하자

공부 시간에는 모두 발표하는 사람을 본다.

누구나 하루에 한 번쯤은 주인공이 될 수 있다.

가만히 앉아만 있지 말고 잠시나마 주인공이

되어 봐야겠다.

4.
바뀐 목소리

애앵~

저, 저요

내 목소리는 이상하다.

쉬는 시간에는 엄청 큰데

공부 시간에만 모기처럼 작아진다.

선생님이 물었다.

"신호등이 무슨 색일 때 건널목을 건널까요?"

나는 답을 안다. 손을 번쩍 들었다. 그런데
너도나도 손을 들었다.

"저요!"

"저요!"

친구들이 소리를 질렀다. 내가 꼭 발표하고 싶어서
손을 더 높이 들었다. 엉덩이가 점점 들썩거렸다.
선생님이 웃었다.

46

"바르게 앉아서 손드는 사람이 발표해 봅시다.
수재가 해 볼까?"

모두 아쉬워서 "아아" 했다. 오수재가 뽐내며
일어났다. 그냥 초록 불, 하면 되는데 오수재의
발표는 길었다.

"초록 불입니다. 초록 불로 변해도 차가 멈추었는지
꼭 확인하고 건너야 합니다. 또 초록 불이 깜빡일
때는 건너면 안 되고 계속 켜져 있을 때만 건너야
합니다."

오수재는 아는 게 많아서 맨날 길게 말한다. 나는
아는 게 많지 않다. 오수재처럼 길게 말하지 못한다.
그래도 목소리는 더 크다.

선생님이 다른 걸 물었다. 나는 발표하고 싶어서
손을 번쩍 들었다.

"봉주가 발표해 보자."

자신 있게 일어섰다. 친구들이 모두 나를 봤다.
그런데 아무 생각도 안 났다. 내가 어, 어…… 하니까
선생님이 조금 더 생각해 봐도 된다고 했다.

자리에 앉으니까 오수재가 말했다.

"왜 아무 말도 안 해?"

"생각이 안 났어."

"생각하고 손을 들어야지."

무작정
손 들어 버렸네.

"일어서니까 생각이 안 났다고."

그러자 차민송이 말했다.

"손을 들고 할 말을 계속 생각해야지. 그래야 안 까먹어."

쟤는 안 듣는 척하면서 다 듣고 있다. 톡 쏴 주고 싶었는데 할 말이 없었다.

그때 선생님이 또 물었다.

"신호등이 없는 건널목을 지나갈 때 지켜야 할 규칙은 무엇일까요?"

나는 손을 번쩍 들었다. 이번에는 무슨 말을 할지 계속 생각했다.

선생님이 또 나에게 기회를 줬다. 드디어 실력을 보여 줄 때가 왔다. 잊어버릴까 봐 마음이 급했다.

"뛰면 안 됩니다."

"뭐라고요?"

선생님이 되물었다. 너무 빨리 말했나? 다시 말하려고 하는데 차민송이 내 말을 가로챘다.

"뛰면 안 된대요."

"봉주가 직접 말해 주세요."

선생님이 나를 쳐다봤다. 순간 조용해졌다. 모두 나를 보며 내 말만 기다렸다. 그러자 가슴이 쿵덕쿵덕 뛰었다. 목에서 쉰 소리가 나왔다.

"뛰면…… 안 됩니다."

"안 들려요."

뒤에서 한 친구가 투덜거렸다.

"뛰면 안 된다고 했어요."

선생님이 대신 얘기해 줬다. 다행히 이번에는 내 말을 들었다. 자리에 앉으니까 방두진이 내 등을 툭툭 쳤다.

"이상하네. 우리 반에서 네 목소리가 제일 큰데."

"그래?"

"응. 그런데 공부 시간에는 작네."

"맞아. 봉주 목소리는 쉬는 시간에만 커."

차민송이 말했다.

"발표할 때 커야 하는데 놀 때만 크다니까."

오수재도 맞장구를 쳤다. 다들 내 목소리 가지고 난리다.

"좀 떨려서 그래."

"왜 떨리지?"

방두진이 나한테 물었다.

"공부 시간이니까."

"그럼 공부 시간을 쉬는 시간이라고 생각하면 되잖아."

"어? 그런가?"

불쑥 자신감이 생겼다. 앞으로 크게 말할 수 있을

것 같았다. 잠깐, 그런데 공부 시간을 쉬는
시간이라고 생각하는 게 가능할까?

○○○○년 △월 ☆일	☀ ☁ ≡3 🌧 ⛄

제목: 발표를 크게 하자

발표는 다른 사람에게 하는 말이다.

그래서 크게 말해야 한다.

멀리까지 잘 들리도록 말이다.

쉬는 시간이라고 생각하면 목소리가 커질까?

5.
꼬불꼬불
암호

글씨를 쓰면 손가락이 아프다.

예쁘게 쓰려면 더 힘들다.

좀 대충 쓰면 안 되나?

국어책에 글씨를 썼다. 빨리 끝내고 싶어서
대충대충 썼다. 그런데 방두진이 내 글씨를 보더니
눈을 동그랗게 떴다.

"뭐라고 쓴 거야?"

이렇게 쉬운 글자도 못 읽다니, 방두진이 걱정됐다.
그래서 쓰기를 멈추고 심각하게 물었다.

"두진아, 혹시 한글 못 읽어?"

"나 한글 읽는데."

방두진이 당황했다. 듣고 있던 오수재가
끼어들었다.

"내가 한번 보자."

오수재가 일어나서 내 글씨를 뚫어지게 보았다.
키득키득 웃었다.

"팡구?"

오수재가 장난 시동을 걸었다. 기분이 안 좋아졌다.

나는 불만을 가득 담아 말했다.

"멀쩡한 글씨를 왜 몰라봐?"

"누구나 알아보게 써야지."

오수재는 늘 그렇듯 떳떳했다. 나는 더 떳떳하게

말했다.

심하다.

"나는 알아보거든."

"너만 알아보면 뭐 해, 모두가 알아봐야지."

"너희 둘만 못 알아보는 거야."

내 글씨를 다시 봤다. 내가 보기엔 분명히 'ㅂ'
이었다. 그런데 방두진도, 오수재도 글자를 못
알아봤다.

한 명한테만 더 물어보고 싶었다. 차민송은 늘 책을
읽는다. 한글을 잘 읽는 게 틀림없다.

"차민송. 이거 읽어 봐."

차민송이 미간을 살짝 찌푸렸다.

"망……구?"

그 말에 오수재랑 방두진이 뒤집혔다. 나만 하나도

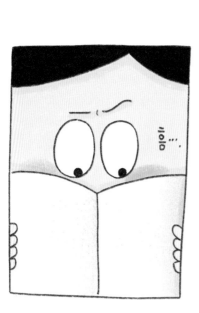

안 웃겼다.

"다들 왜 이래? 지금 나 놀리는 거지?"

"아니야."

방두진이 당황했다.

"자기가 읽어 보라더니 왜 화를 내?"

차민송도 억울해했다.

"봉주는 망구를 꿔나 봐."

오수재가 웃으며 장난을 쳤다. 차민송도 깔깔댔다.

사실은 나도 조금 웃겼다. 하지만 웃지 않았다.

여기서 웃으면 안 된다.

"왜 다들 내 글씨를 못 알아봐!"

"일부러 그런 게 아니야."

방두진이 변명했다.

"너무 날려 쓰니까 그렇지. ㅁ인지 ㅂ인지 ㅍ인지

확실하게 써야지. 모음도 길게 쓰고."

차민송이 웃음을 멈추고 말했다.

나는 국어책을 다시 보았다. 좀 길게 썼나?

선생님을 힐끔 보았다. 다 쓰고 선생님한테 검사를

받아야 하는데…… 혹시 선생님도 다르게 읽으면

어쩌지?

결국 지우개로 글자를 빡빡 지웠다. 연필을 바로 잡고 또박또박 다시 썼다. 배운 대로 획순대로 천천히 다시 썼다. 정성 들여 쓰니까 완벽한 ㅂ이 되었다.

이건 누가 봐도 ㅂ이다.

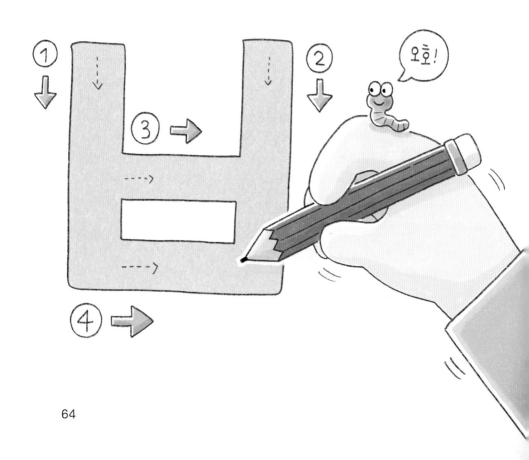

○○○○년 △월 ☆일	☼ ⌒ ☰ʒ ☔ ⛄

제목: **글자를 똑바로 쓰자**

ㅁ, ㅂ, ㅍ은 대충 쓰면 좀 헷갈린다.

획순에 맞춰 또박또박 써야 구분이 된다.

모음도 길게 써야 잘 보인다.

너무 공들여 쓰지는 않더라도 다른 사람이

알아보게는 써야겠다.

6.
잃어버린
쉬는 시간

놀고 싶다.

쉬는 시간에 놀고,

공부 시간에도 놀고 싶다.

쉬는 시간이다. 그런데 공부 시간에 다 못 그린 그림을 완성해야 한다. 공부 시간에 방두진이랑 얘기하다가 이렇게 됐다.

오수재가 구경 왔다.

"놀자."

"바빠."

내가 말했다.

"난 조금만 더 하면 돼."

방두진이 말했다.

오수재가 잔소리를 시작했다.

"왜 자꾸 쉬는 시간에 공부해? 남들 공부할 때
공부하고 놀 때 같이 놀면 좀 좋아?"

"난 남들 놀 때 놀고, 남들 공부할 때도 놀고 싶어."
내가 말했다.

"나도. 맨날 놀고만 싶어."

방두진도 거들었다. 역시 우린 착착 맞는다.

나는 크레파스를 쥔 손가락에 더욱 힘을 주었다.
열심히 팔을 휘둘렀다. 점점 팔이 아팠다.

시계를 봤다. 쉬는 시간이 벌써 5분이나 지났다.
아직 한참 더 색칠해야 한다. 한숨이 나왔다. 그런데
뒤에서 방두진이 크레파스를 내려놓는 소리가
들렸다.

"다 했다!"

방두진이 선생님한테 쪼르르 가서 검사를 받았다.
만세! 하더니 어느새 자유가 되었다.

다 끝낸 방두진이 부러웠다. 내 그림을 다시 봤다.
아직 한참 남았다. 색칠하기 싫었다. 크레파스를 놓고
책상에 엎드렸다.

"안 해?"

오수재가 물었다.

"난 색칠이 진짜 싫어."

"다 해야 놀 수 있잖아."

"아, 몰라. 힘들어."

"그럼 우리끼리 논다."

이럴 시간
없을 텐데?

오수재가 방두진을 데리고 갔다. 방두진이 가면서
소리쳤다.

"봉주야, 빨리하고 와!"

곧 둘이서 노는 소리가 들렸다. 엎드리고 있어도 다
들렸다. 슬쩍 고개를 들어 뒤를 보았다.

오수재랑 방두진이 보드게임을 하고 있었다.
재미있어 보였다. 공부 시간에 좀 열심히 할 걸
후회가 되었다.

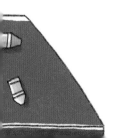

그때 옆에서 차민송이 말했다.

"빨리해."

"어차피 다 못할 거야. 너무 많아."

나는 한숨을 푹푹 쉬었다.

"그러니까 아까 공부 시간에 좀 하라고 했잖아."

답답했다. 나도 이렇게 될 줄은 몰랐다. 아무 말도
안 하고 가만히 있자 차민송이 다가왔다.

"어휴."

차민송이 크레파스를 잡았다. 그러고는 내 그림을
색칠하기 시작했다. 웬일로 차민송이 나를 도와줬다.
내가 얼떨떨해하며 쳐다보니까 차민송이 말했다.

"너도 해."

나는 다시 크레파스를 잡았다. 차민송이 도와주니까
힘이 났다.

"고마워."

"뭐, 할 게 없어서."

차민송이 새초롬하게 말했다. 그러거나 말거나

도와줘서 좋았다.

우리는 열심히 색칠했다. 같이하니까 쉬웠다.
도화지가 점점 알록달록하게 채워졌다. 다 할 수 있을
것 같아서 희망이 생겼다.

나도 다음에 차민송을 도와줘야지. 그런데 내가
도와줄 일이 있을까?

○○○○년 △월 ☆일	☀ ☁ ≡ᣛ ☔ ⛄

제목: 할 일을 미루지 말자

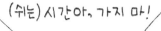

공부 시간에 놀면 쉬는 시간에 못 논다.

쉬는 시간에 공부를 마저 해야 하기 때문이다.

쉬는 시간에 마음껏 놀아야 하니까

공부 시간에 열심히 해야겠다.

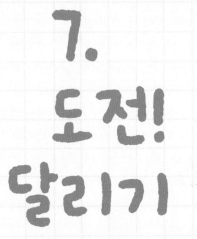

7.
도전!
달리기

일등 하고 싶다.

일등 못 하면 어떡하지?

내가 제일 잘하면 좋겠다!

선생님이 우리 반 달리기 대표를 뽑는다고 했다.
운동장에 나가는데 설렜다.

"내가 꼭 일등 할 거야."

"나도 일등 할 거야."

방두진도 말했다. 저번에
복도에서 승부를 못 냈다. 이번에
달리기 왕을 확실히 정해야겠다.

그런데 웬일로 오수재가 조용했다. 운동장에
나가는데 하나도 안 즐거워 보였다.

오수재가 선생님한테 힘없이 다가갔다.

"선생님, 저 안 달리면 안 돼요?"

"왜?"

선생님이 물었다.

"하기 싫어요. 어차피 질 건데……."

"해 보지도 않고 어떻게 알아? 열심히 달려 봐."

"힝."

오수재가 투정을 부렸다. 하나도 안 먹혔다. 조금 뒤 오수재가 포기하더니 나한테 귓속말을 했다.

"난 아마 꼴찌 할 거야."

"왜?"

"달리기 안 좋아해."

"그래도 꼴찌는 아닐 수 있잖아."

"꼭 해 봐야 아는 게 아니야. 그냥 아는 것도

있다고."

오수재가 투덜거렸다. 오수재는 자기가 이기는

게임만 하려고 한다. 일등이 아니면 싫은가 보다.

운동장에 도착해서 줄을 섰다. 키대로 세 명씩
달렸다. 왼쪽 오수재, 오른쪽 방두진.

선생님이 호루라기를 불었다. 우리 셋은 동시에
뛰어 나갔다. 오수재는 시야에서 금방 사라졌다.
그러나 방두진의 뒤통수는 아무리 뛰어도 안 잡혔다.

방두진은 진짜로 빨랐다. 도저히 따라잡을 수
없었다.

결국 방두진이 일등을 했다. 나는 이등 하고
오수재는 꼴찌를 했다.

나랑 오수재는 운동장에 주저앉았다. 힘이 다
빠졌다. 속상해서 운동화를 툭 던져 버렸다.

그런데 옆에서 훌쩍거리는 소리가 들렸다.
오수재가 울고 있었다. 당황스러웠다. 우는 건 처음
본다.

"오수재, 울어?"

대답이 없었다.

"어디 아파? 다쳤어?"

오수재가 고개를 절레절레 흔들었다.

"혹시 져서 우는 거야?"

"나 이래서 달리기가 싫어."

"그렇게 속상해?"

"달리기만 하면 지잖아. 내가 꼴찌라니!"

오수재가 꺽꺽 울었다. 서럽게도 울었다.

"꼴찌 한 번 했다고 이러기야? 우리 반에서 네가
제일 똑똑하잖아. 발표도 제일 잘하고."

오수재가 휙 고개를 돌렸다. 눈물범벅이었다.

"정말로 그렇게 생각해?"

오수재의 눈이 번뜩거렸다. 무서웠다.

"우리 반에서 내가 제일 똑똑하다고 했잖아."

또 자기가 듣고 싶은 것만 들었다.

"그, 그렇지."

오수재가 눈물을 닦았다. 일어나서 엉덩이를 툭툭
털었다. 멀리서 방두진이 뛰고 있었다. 오수재가
방두진을 날카롭게 바라보았다.

"방두진은 토끼야."

"뭐? 토끼?"

"잘 봐. 토끼같이 우다다다 발을 구르잖아."

나는 살면서 저렇게 큰 토끼를 본 적이 없다.

"토끼는 모르겠고, 두진이는 시도 때도 없이
달리지."

"그럼 도저히 이길 수가 없잖아! 나 달리기 안 해!"

오수재가 투정하듯 발로 땅을 툭툭 쳤다. 더 못나
보였다. 나는 좀 얄미워도 똑똑하고 당당한 오수재가
좋다. 순간 나도 못나 보일까 봐 걱정이 되었다.

자리에서 일어났다. 운동화를 가져와서 다시 신었다. 오수재가 물었다.

"어디 가?"

"달리려고."

"왜? 졌는데."

"졌다고 안 하면 더 못할 것 같아. 그건 더 싫어."

나는 달리기 연습을 하려고 뛰어갔다.

"같이 가!"

오수재가 뒤에서 따라오는 소리가 들렸다.

○○○○년 △월 ☆일	☀ ☁ ≡⋛ 🌧 ⛄

제목: 못해도 해 보자

나보다 잘하는 친구들은 많다.

졌다고 안 하면 점점 더 못하게 된다.

지금은 일등이 아니라도……

연습하면 실력이 점점 좋아지겠지?

8.
모둠 활동

모둠 활동은······

전쟁이다.

너무 힘들어!

"이거 내가 할 거야!"

"내가 할 거라고!"

차민송이랑 오수재가 또 싸웠다.

"그만해. 선생님이 협동하라고 했어."

내가 옆에서 말려도 하나도 안 들리는 것 같았다.
방두진이 한숨을 쉬었다.

"쟤들은 왜 맨날 싸우지?"

"몰라, 그냥 우리끼리 하자."

나는 색종이를 오렸다. 방두진은 내가 오린 종이에
풀칠을 했다. 그런데 차민송이 갑자기 방두진을 흘깃
보며 말했다.

"그렇게 붙이면 어떡해?"

"안 돼?"

"풀칠을 더 꼼꼼하게 해야지."

차민송이 색종이를 뺏어 갔다.

"더 예쁘게 오려야지."

"색종이는 봉주가 잘랐어."

그러자 차민송이 나를 흘겨봤다.

"봉주 너, 대충 오리지 말랬지?"

억울했다. 그 정도면 됐다고 생각했기 때문이다.

"이게 어때서?"

"삐뚤빼뚤하잖아."

속상했다. 차민송은 오수재랑 싸우느라 아무것도
안 했으면서 열심히 한 나한테 잔소리를 했다.

차민송이 내 색종이를 가져가더니 다시 잘라서 풀로
붙였다. 오수재가 흘깃 보더니 말했다.

"차민송이 한 게 낫네."

얄미웠다. 기분이 더 안 좋아졌다.

"그렇게 잘하면 너희 둘이 다 해."

"그래, 나도 안 해."

방두진과 나는 손을 놓았다. 그러자 오수재가
인상을 썼다.

"아무것도 안 하려고?"

"너희가 싫어하잖아."

"마음에 안 든다고 잔소리하고."

방두진도 불평했다.

"마음대로 다시 하고."

"무시하고."

우리는 최선을 다해서 투덜거렸다. 그러자
차민송이 변명했다.

"그건 너희가 열심히 안 해서 그렇지."

"솔직히 대충했잖아."

오수재가 차민송 편을 들었다. 웬일로 둘이 착착
맞았다. 저렇게 잘 통하는데 왜 싸우는지 모르겠다.

"열심히 했거든."

"대충한 거 아니라고."

방두진과 나도 질세라 하나가 되었다.

"너희는 맨날 싸우잖아."

"싸우느라 모둠 활동도 안
하면서."

"이것저것 시키기만 하고."

"싸우는 너희보다 우리가
나아."

쌓였던 불만이 술술
튀어나왔다. 우리의 합동
공격에 차민송이랑 오수재는

끄덕

꿀 먹은 벙어리가 되었다.

　나랑 방두진은 마주 보며 고개를 끄덕했다. 우리가 이긴 것 같았다. 풀을 꺼냈다. 종이에 풀칠했다.

　그런데 차민송이 아무것도 안 했다. 삐진 것 같았다. 내가 너무 쏘아붙였나? 저번에 차민송이 내 그림을 도와줬는데.

　　　조용한 차민송이 계속 신경 쓰였다.

　　　그래서 일부러 말을 걸었다.

　　　“여기 이렇게 붙이면 되나?”

　　　“그걸 왜 나한테 물어봐?”

　　　차민송이 퉁명스럽게 말했다.

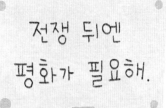

전쟁 뒤엔 평화가 필요해.

"너 잘하잖아."

그러자 차민송의 콧구멍이

실룩거렸다. 약간 웃는 것

같기도 했다. 그 틈에 냉큼 색종이를 줬다.

"이거 좀 잘라 줘."

"왜?"

"너 깔끔하게 잘하니까."

차민송이 색종이를 받아서 가위질을 시작했다.

나는 평소보다 풀칠을 좀 더 꼼꼼히 해 보았다.

"너도 잘하네."

차민송이 말했다. 인정을 받으니까 기분이 좋았다.

○○○○년 △월 ☆일 ☀ ☁ ≡꒛ 🌧 ⛄

제목: **같이하자**

봄 동산 만들기

1모둠 : 김봉주, 방두진, 오수재, 차민송

모둠 활동은 혼자 하는 게 아니다.

다른 사람의 생각도 들으면서 해야 한다.

생각이 달라도 이해하는 게 필요하다.

실력이 다른 것도 서로 이해하면 좋겠다.

안녕? 난 민송이야. 공부 시간은 진짜 재밌어.

알아, 나만 그렇다는 거.

보통은 지루해하더라? 이유는 알 수 없지만.

공부 시간을 잘 보내는 비법이 있냐고?

그냥 선생님 말씀 잘 듣고, 발표를 많이 하면 돼.

아, 그리고 해야 할 일을 제 시간에 끝내는 게 좋아.

공부가 밀리면 힘들어서 점점 더 하기 싫어지거든.

뭐? 그게 어렵다고? 막상 해 보면 별 거 아닌데.

재미있을 때도 있어. 진짜야.

민송이가.

1학년 완벽 적응 프로젝트 ❷_공부

꼼지락 1학년, **열심히 할 거야!**

2024년 11월 20일 1판 1쇄

글쓴이	김원아
그린이	간장

편집	최일주, 이혜정, 홍연진
디자인	이아진
제작	박흥기
마케팅	양현범, 이장열, 김지원
홍보	조민희
인쇄	코리아피앤피
제책	J&D바인텍

펴낸이	강맑실
펴낸곳	(주)사계절출판사
등록	제406-2003-034호
주소	(우)10881 경기도 파주시 회동길 252
전화	031)955-8588, 8558
전송	마케팅부 031)955-8595, 편집부 031)955-8596

홈페이지	www.sakyejul.net
전자우편	skj@sakyejul.com
페이스북	facebook.com/sakyejulkid
인스타그램	instagram.com/sakyejulkid
블로그	blog.naver.com/skjmail

ⓒ 김원아, 간장 2024

ISBN 979-11-6981-218-4 73370